ZOOM 동물백과

아프리카 동물

마리 니콜라 글 ★ 마티아스 프리망 그림 ★ 이충호 옮김

청어람아이

차례

아프리카 ································· 4
코끼리 ································· 6
기린 ··································· 8
하마 ··································· 10
호저 ··································· 12
사자 ··································· 14
아프리카대머리황새 ················ 16

타조 …………………… 18	**고릴라** …………………… 32
침팬지 …………………… 20	**하이에나** …………………… 34
코뿔소 …………………… 22	**개코원숭이**(비비) …………………… 36
악어 …………………… 24	**회색앵무** …………………… 38
치타 …………………… 26	**카멜레온** …………………… 40
홍학 …………………… 28	**단봉낙타** …………………… 42
얼룩말 …………………… 30	**표범** …………………… 44

아프리카

아프리카 대륙에는 아주 다양한 동식물이 살아요. 하지만 불행하게도 20세기 초 이후 많은 동물의 수가 크게 줄어들고 있어요.

그 이유는 사냥, 밀렵, 야생 동물 밀거래, 삼림 파괴, 내전, 질병 등 여러 가지가 있어요. 그래서 **현재 멸종 위기종이 아주 많답니다.**

예를 들면 현지 주민이 고기를 얻으려고 자주 사냥하는 침팬지는 현재 겨우 20만 마리만 남았어요. 100년 전에는 약 200만 마리나 살았는데 말이에요. 검은코뿔소도 20세기 초에는 약 80만 마리가 살았지만, **그 뿔을 탐낸 사람들에게 많이 사냥**당해서 지금은 겨우 2500여 마리만 남았어요. 코끼리는 **상아를 얻으려**는 사람들 때문에 매년 2만~3만 마리가 사라져 가고 있어요. 당나귀 비슷하게 생긴 기린과 동물인 오카피는 20세기 초에 다시 발견되었는데, 1990년 이후부터 그 수가 크게 줄어들고 있어요. **삼림 파괴**가 주요 원인이지요.

동물들의 멸종을 막기 위해 자연 보호 단체들은 일반 대중에게 위기에 처한 동물들의 실상을 알리고 시위도 벌여요. 이들은 **멸종 위기종들의 상황을 파악**하기 위해 살아 있는 동물의 개체 수를 조사하며, 사냥과 밀거래를 금지하고, 자연 보호 구역을 만들려는 노력도 기울이지요. 어린 새끼 동물들을 길러 성장하면 자연으로 돌려보내기도 해요. 다시 자연에서 그 **수가 늘어나길 기대**하면서 말이에요.
이 모든 노력의 목적은 **멸종 위기종을 보호**하는 것이지요.

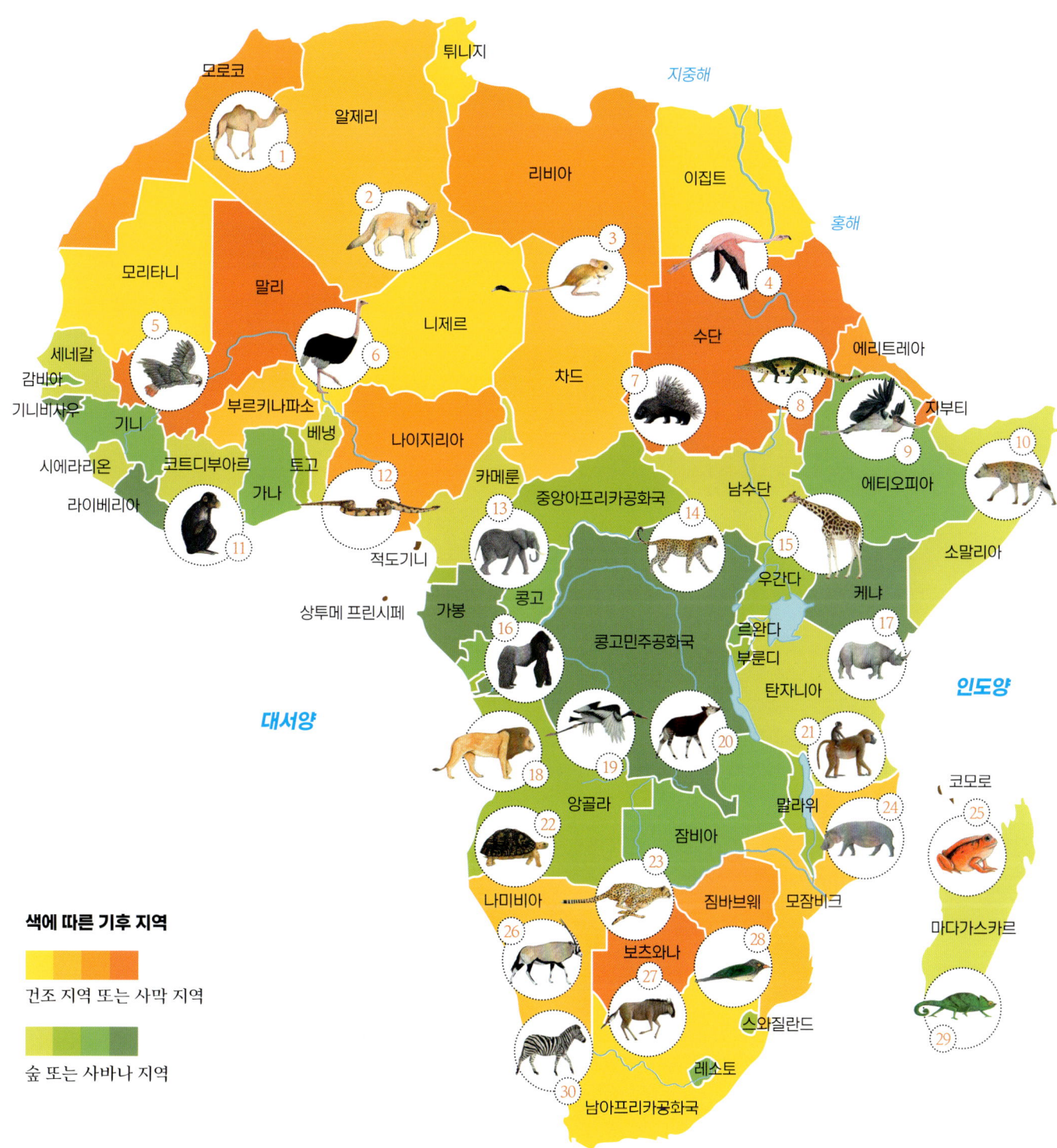

1. 단봉낙타
2. 사막여우
3. 저빌
4. 홍학
5. 회색앵무
6. 타조
7. 호저
8. 악어
9. 아프리카대머리황새
10. 하이에나
11. 침팬지
12. 비단구렁이
13. 코끼리
14. 표범
15. 기린
16. 고릴라
17. 코뿔소
18. 사자
19. 안장부리황새
20. 오카피
21. 개코원숭이
22. 표범거북
23. 치타
24. 하마
25. 토마토개구리
26. 오릭스
27. 누
28. 소등쪼기새
29. 카멜레온
30. 얼룩말

코끼리

코끼리는 육상 동물 중 가장 크고 무거운 동물이에요. 수컷은 몸무게가 무려 7톤이나 돼요. 거의 트럭과 맞먹는 무게이지요!

자유롭게 움직일 수 있는 **기다란 코는** 코뿐만 아니라 **손과 같은 역할**도 해요. 코끼리는 길이가 3미터쯤 되는 코로 풀을 뜯어 먹고, 나뭇가지를 끌어당기고, 물과 흙을 머금어 샤워하고, 냄새를 맡고, 적을 물리쳐요. 커다란 귀는 부채처럼 퍼덕여 몸을 식힐 수 있어요.

키 : 2~4미터
몸무게 : 4~7톤
식성 : 초식 동물
(풀, 식물, 잎, 줄기, 껍질, 열매)
수명 : 60년
임신 기간 : 22개월
(모든 동물 중에서 가장 긺)
서식지 : 아프리카 사바나

코끼리의 엄니인 **상아**는 앞니가 길게 자라난 것이에요.

초식 동물인 코끼리는 가족끼리 **무리를 지어** 살아요. 코끼리 무리는 **나이가 가장 많은 암컷**(가모장 코끼리라고 불러요)을 중심으로 여러 암컷과 새끼 코끼리들로 이루어져 있어요. 많게는 **4세대의 코끼리가 함께 모여 살아요!** 수컷은 대개 혼자서 살아가지요. 코끼리는 무리를 **보호하려는 본능이 아주 강해요.** 사자가 공격하려고 하면, 암컷들이 새끼들 주위를 성벽처럼 빙 둘러싸서 보호하지요. 코끼리는 몇 년 동안 떨어졌다 만나도 서로를 알아봐요. 그만큼 **기억력이 아주 좋답니다!**

키 : 4~6미터
몸무게 : 500~2000킬로그램
식성 : 되새김질을 하는 초식 동물
(나무의 잎과 연한 순)
수명 : 25년
임신 기간 : 15개월
서식지 : 아프리카 사바나

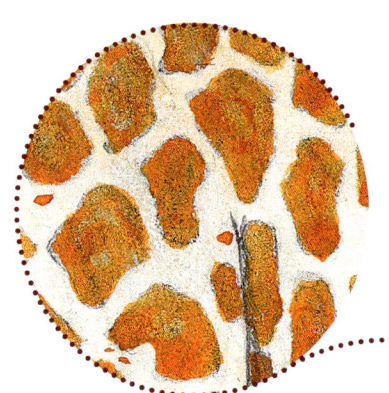

기린은 여러 종과 아종이 있는데, **몸 색깔과 반점 무늬로** 구분할 수 있어요. 각 종과 각 아종마다 독특한 색과 무늬를 가지고 있지요.

목과 다리가 아주 긴 기린은 육상 동물 중 키가 가장 커요. 기린의 키는 2층 건물 높이와 비슷하답니다.

기린은 초식 동물이에요. 까만색의 긴 혀로 나뭇가지를 휘감고 입 안에 집어넣은 뒤, 이빨로 잎과 연한 순을 훑어 내지요. **하루에 먹는 식물의 양은 약 60킬로그램이나 된답니다!** 하루 중 가장 더운 시간인 정오 무렵에는 되새김질을 해요. 위 속에 있는 음식물을 다시 입으로 게워 내 씹지요.

기린은 온순해 보이지만, 그 발길질에 차이면 사자도 죽을 수 있어요! 기린은 늘 경계를 늦추지 않는데, 그래서 쉴 때에도 대개 서서 쉬어요. 기린은 물을 마실 때에는 **앞다리를 쫙 펼치거나** 무릎을 땅에 대고 고개를 숙여야 하는데, 이때가 약점이 노출되는 순간이어서 포식 동물에게 공격당하기 쉬워요.

기린은 서서 새끼를 낳아요. **새끼 기린은 약 2미터 높이에서 땅으로 떨어지지만,** 다행히도 다치지는 않아요! 새끼는 태어난 지 한 시간도 안 되어 엄마를 졸졸 따라다닐 수 있어요. 새끼 기린은 **태어날 때부터 키가 2미터**에 몸무게는 50~70킬로그램이나 된답니다! 일곱 살 무렵이면 어엿한 어른의 키와 몸무게에 이르지요.

기린

하마

몸집이 아주 큰 이 포유류는 다리가 짧고 머리가 아주 커요. 낮 동안에는 더위를 피해 물속에서 쉬거나 헤엄치며 지내요. 그리고 밤이 되면 땅 위로 올라와 먹이를 찾아 어슬렁어슬렁 돌아다니지요.

하마는 콧구멍과 눈, 귀가 모두 **머리 위쪽**에 있어요. 그래서 몸이 물속에 잠겨도 숨을 쉴 수 있을 뿐만 아니라, 수면 위에서 일어나는 일을 보고 들을 수 있지요. 잠수할 때에는 콧구멍과 귀가 닫히지만, 눈은 뜨고 있어요. 하마는 물속에서 **숨을 약 5분 동안이나 참을 수 있어요**. 하마의 아래턱은 깨무는 힘이 아주 강하답니다.

하마는 10~15마리가 함께 무리를 지어 살고, **수컷 우두머리가 무리를 지배해요**. 엄마 하마는 새끼를 보호할 때에는 아주 사납게 돌변하지요. 새끼는 **물속에서도 엄마의 젖을 빨 수 있어요**.

키 : 어깨높이 1.5미터, 몸길이 3.5미터
몸무게 : 1.4~2톤
식성 : 초식 동물(풀과 잎)
수명 : 30년
임신 기간 : 8개월
서식지 : 아프리카의 호수와 강

수컷들끼리 싸울 때에는 **단단한 머리로 박치기를 하고**, 송곳니와 앞니를 서로 부딪치며 상대를 물려고 해요.

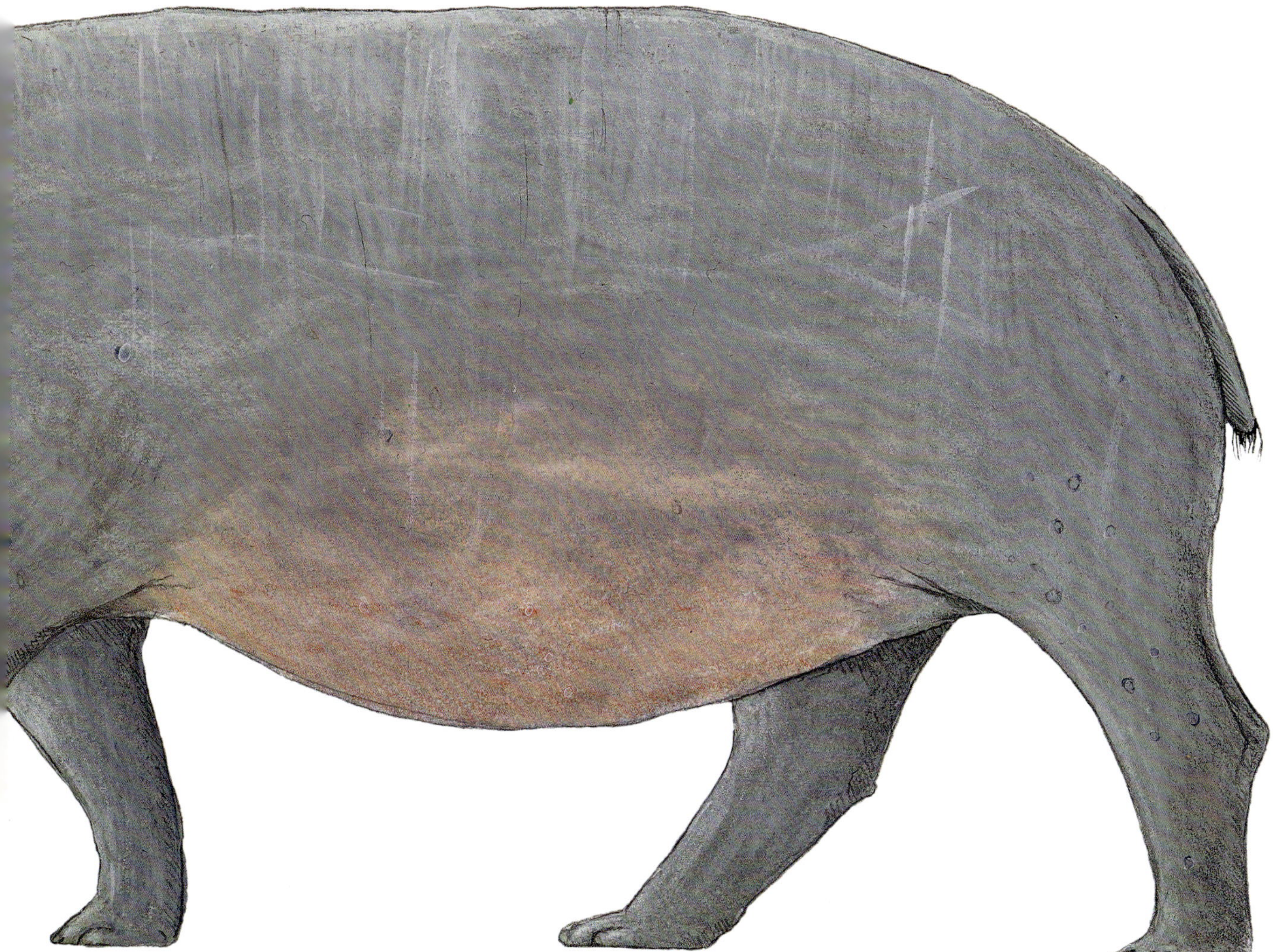

호저의 몸에는 **날카로운 가시가 약 3만 개나** 돋아나 있어요. 이 강력한 무기는 길이가 약 30센티미터나 되는데, 빠지더라도 그 자리에 금방 다시 자라나요.

이 설치류 동물은 위협을 느끼면, 긴 가시를 곤두세우고 으르렁거리면서 뒷다리로 땅을 차요. 그러다가 몸을 뒤로 돌린 채 적을 향해 갑자기 돌진하지요. 그러면 날카로운 가시가 적의 몸에 콱 박혀요. 박힌 가시는 잘 빠지지 않는 답니다. 가시를 빼려고 문지르면 고통이 더 심해져요!

호저는 아프리카에 사는 설치류 중 몸이 **가장 크고 가장 무거워요**. 호저는 낮 동안에는 동굴이나 땅굴 속에서 숨어 지내다가 **밤이 되면 나와서** 먹이를 찾아요. 짝짓기를 하기 직전에 수컷과 암컷은 뒷다리로 **서서** 함께 춤을 춥니다.

엄마 호저는 풀을 깔아 놓은 **방들이 있는 땅굴**에서 새끼를 한두 마리 낳아요. 가족 무리와 함께 살아가는 아빠 호저는 새끼들에게 살아가는 데 필요한 것을 가르치지요. 새끼 호저는 **완전히 발달한 상태로 태어나요**. 가시는 처음에는 **유연하고 부드럽지만**, 몇 시간이 지나면 단단해져요. 새끼들은 금방 서로 싸우고 난리를 피워요.

호저

키 : 어깨높이 25~30센티미터
몸무게 : 12~27킬로그램
식성 : 초식 동물(뿌리, 덩이뿌리, 열매, 껍질)
수명 : 15년
임신 기간 : 2개월
서식지 : 아프리카와 유럽 남부의 나무가 많은 지역, 사막 지역, 숲 지역

키 : 어깨높이 80센티미터~1미터
몸무게 : 120~250킬로그램
식성 : 육식 동물(가젤, 얼룩말, 누, 멧돼지, 토끼, 새)
수명 : 15년
임신 기간 : 3.5개월
서식지 : 아프리카 사바나

갓 태어난 새끼 사자는 **앞을 보지 못해요.** 그래서 한동안 엄마 사자가 새끼를 숨기고 보호하다가 때가 되면 무리로 데려가요.

사자는 '백수의 왕'이라 불리는데, 무엇보다도 위엄 있는 붉은색 갈기 때문에 그런 별명이 붙었어요. 고양잇과 동물 중에서 무리를 지어 살아가고 함께 사냥하는 종은 사자뿐이랍니다.

암사자는 갈기가 없고 수사자보다 몸집이 훨씬 작아요. 하지만 **사냥에 나서는 것은 암사자들**이에요. 사냥은 주로 동틀 녘이나 해 질 녘에 하지요. 암사자들은 서로 협력하여 사냥하지만, 먹이를 사냥하는 것이 항상 쉽지만은 않아요. 사냥당하는 초식 동물들은 대개 사자보다 더 빠르거든요.

수사자는 자신의 **세력권을 지키는 일**을 해요.

사자

수사자는 으르렁거리면서 세력권을 돌아다니지요. 사냥이 끝나고 나면, 제일 먼저 먹이에 입을 대는 것은 수사자예요! 암사자들과 새끼들은 그 뒤에야 먹을 수 있어요.

암사자는 한 번에 새끼를 2~4마리 낳아요. 갓 태어난 새끼는 완전히 엄마 사자에게 **의존**해서 살아요. 엄마 사자는 태어난 새끼들을 데리고 10주일 동안 무리를 떠나요. 하이에나 같은 포식 동물의 공격을 피하기 위해 바위 더미나 덤불 사이에 새끼들을 숨기고 보호하면서 지내지요.

사자는 하루 중 20시간을 잠을 자거나 빈둥거리며 보내요! 따라서 사자는 결코 활동적이라고 말할 수 없어요. 암사자와 새끼들은 가끔 나무 위에 올라가 쉬기도 해요.

아프리카대

큰 무리를 지어 사는 이 커다란 새는
아주 특이하게 생겼어요. 머리와 목에는
털이 하나도 없어요. 그 덕분에 부리를 큰
동물 시체에 집어넣어도 깃털이 더럽혀질
염려가 없지요.

아프리카대머리황새는 동물 시체 외에도 땅 위나 물속을
걸어 다니다가 마주치는 작은 동물, 예를 들면 개구리와
물고기, 뱀 등을 잡아먹어요. 또 가끔 다른 새의 둥지를
털기도 하는데, 그 안에 있는 알과 새끼를 먹어요.

위풍당당한 모습으로 **하늘을 나는** 아프리카대머리황새는
10~30미터 높이의 나무 위에 둥지를 지어요.
아프리카대머리황새는 대개 **텃새**로 살아가요. 즉, 많은
철새처럼 먼 거리를 이동하지 않고 한 지역에서만
살아가지요.

아빠와 엄마는 2~3개의 알을 서로 **번갈아 가며 품고**,
새끼가 태어나면 극진히 보살펴요. 부모는 서너 달 동안
새끼에게 먹이를 가져다주며 키워요. 처음 몇 주일 동안은
작은 먹이 조각을 **게워 내어** 둥지 안의 새끼들에게 먹여요.

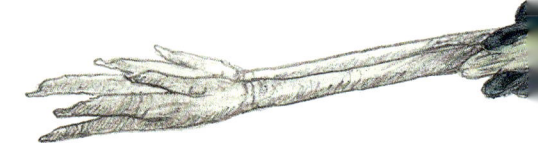

몸길이 : 1.5미터
몸무게 : 9킬로그램
날개폭 : 2.5미터
식성 : 부식동물(주로 동물 시체를 먹지만, 살아 있는
작은 동물도 잡아먹음)
수명 : 25년
부화 기간 : 30일
서식지 : 아프리카의 습한 지역과 사바나

대머리황새

아프리카대머리황새는 **가늘고 길고 뾰족한 부리로** 단단한 살도 꿰뚫을 수 있어요. 어른들은 짝짓기를 하기 전에 부리를 딱딱 부딪쳐 소리를 내요.

타조

타조는 동물계에서 세계 신기록을 여러 개 갖고 있어요. 첫 번째는 가장 큰 새라는 타이틀인데, 타조는 키가 2미터 이상이나 된답니다!

타조는 몸이 너무 무거워서 날지는 못하지만, 근육질의 튼튼한 다리로 **시속 45킬로미터 이상으로 30분 동안** 계속해서 달릴 수 있어요. 이것은 두 발로 이동하는 동물 중에서 **가장 빠른 속도**예요! 타조는 매일 **조약돌**과 **자갈**을 몇 움큼씩 삼켜요. 질긴 식물 먹이의 소화를 돕기 위해서랍니다.

둥지 안에 **알을 20개 정도** 낳는데, 여러 암컷이 같은 둥지에 함께 알을 낳아요. 타조는 또 한 가지 세계 신기록이 있는데, 모든 새 중에서 **가장 무거운 알**을 낳아요! 타조 알 1개의 무게는 **달걀 20개**와 맞먹지요! 밤에는 수컷이 알을 품고, 낮에는 암컷이 알을 품어요. 태어난 새끼 타조는 금방 독립하지만, **약 1년 동안**은 부모와 함께 지내요.

타조 알은 타원형이고, 길이가 13~16센티미터이며, 무게는 1.2~1.9킬로그램이나 돼요. 껍데기는 **도자기처럼 반짝이는 광택**이 나요.

키 : 2~2.5미터
몸무게 : 최대 160킬로그램
식성 : 초식 위주의 잡식 동물(씨, 잎, 뿌리, 열매, 곤충)
수명 : 30년
부화 기간 : 39~42일
알의 크기 : 13~16센티미터(긴 쪽의 길이)
서식지 : 아프리카의 사바나와 반사막 지역

침팬지

침팬지는 사람과 공통점이 아주 많아요.
침팬지는 보통은 네 발로 기어 다니지만,
두 발로도 잘 걸어 다녀요.

침팬지는 **20가지 이상의 소리**로 다양한 감정을 표현하며, 같은 무리의 다른 침팬지들과 서로 **의사소통**을 해요.

가장 놀라운 사실은 침팬지가 사람처럼 **도구를 사용하는 능력**이 있다는 거예요! 예를 들면 열매 껍데기를 깨려고 할 때, 열매가 무르면 나뭇조각을 사용하고, 단단하면 돌을 사용해요! 좋아하는 먹이인 흰개미를 사냥할 때에는 '낚시 방법'을 쓰지요. 먼저 잔가지를 꺾어 흰개미 집의 구멍 속으로 집어넣고 흰개미가 물 때까지 기다려요. 그렇게 한참 기다렸다가 잔가지를 끄집어내어 그 끝에 붙은 흰개미를 냠냠 맛있게 먹지요!

갓 태어난 새끼는 완전히 엄마에게 **의존**해서 살아가요. 엄마는 새끼에게 **놀이**를 통해 필요한 것을 가르치지요. 새끼를 가볍게 떠밀기도 하고 간질이기도 하면서 늘 함께 재미있게 놀아요! 이렇게 놀이를 통해 먹이를 찾는 법도 가르친답니다.

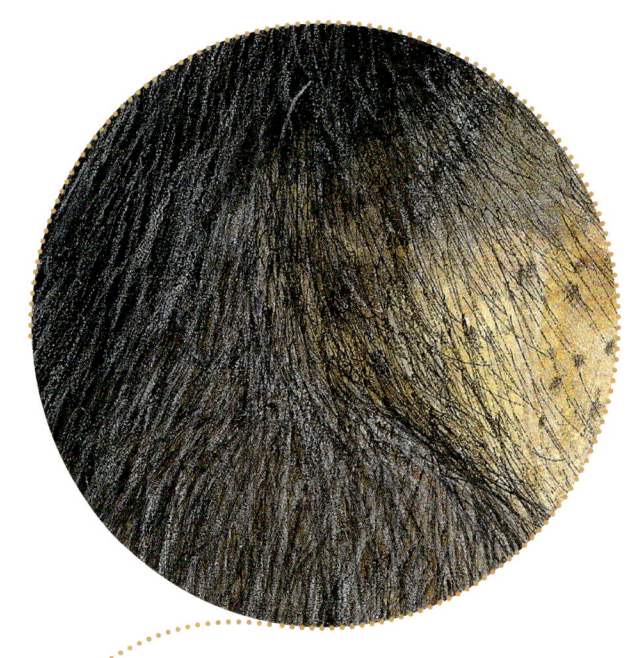

침팬지는 **서로 털 고르기**를 자주 하는데, 이것은 침팬지 사이에서 아주 중요한 의식으로, 서로 친해지고 무리의 유대를 다지는 데 도움이 되지요.

키 : 70~95센티미터
몸무게 : 30~40킬로그램
식성 : 잡식 동물(열매와 벌레)
수명 : 40~45년
임신 기간 : 4개월
서식지 : 아프리카의 습한 지역과 사바나

코뿔소

거대한 몸집과 뾰족한 뿔, 두꺼운 피부, 그리고 짧은 다리를 가진 검은코뿔소는 마치 공룡처럼 보여요!

코뿔소는 육상 포유류 중에서 코끼리 다음으로 커다란 동물이에요. 유명한 뿔이 매우 인상적인데, 첫 번째 뿔은 코 부분에, 두 번째 뿔은 이마 부분에 나 있어요.

뿔의 주성분은 손톱이나 머리카락의 주성분과 같은 케라틴이에요. 수컷끼리 싸울 때에는 뿔을 진짜 무기처럼 사용해요. 코뿔소 뿔을 탐내는 사람들

키 : 어깨높이 1.3~1.8미터
몸무게 : 1.3~1.8톤
식성 : 초식 동물(잎과 가지)
수명 : 45년
임신 기간 : 15개월
서식지 : 동아프리카의 사바나와 숲 가장자리

코뿔소에게는 **소등쪼기새가 꼭 필요해요.** 이 새는 코뿔소 피부에 붙어살면서 상처에서 피를 빨아먹는 기생충을 쪼아 먹어요. 게다가 위험을 감지하면, 갑자기 훌쩍 날아가면서 코뿔소에게 위험을 알려 주지요.

때문에 많은 코뿔소가 밀렵에 희생되고 있어요. 지금은 남아 있는 **모든 코뿔소 종을 엄격하게 보호**하고 있답니다.

각각의 코뿔소는 넓은 세력권을 자신의 똥으로 표시해요. 똥을 발로 쿵쿵 짓밟아 사방에 흩뜨리지요. 사람이든 동물이든, 코뿔소의 세력권에 침입하는 자는 조심해야 해요. 코뿔소는 **시속 45킬로미터의** 무시무시한 속도로 곧장 **돌진**하니까요! 그래서 코뿔소에 맞설 수 있는 동물이 거의 없어요.

엄마 코뿔소는 새끼를 극진하게 보호하는데, 다른 새끼가 태어나 그 자리를 대신할 때까지, 그러니까 새끼가 **두 살 무렵이 될 때까지** 곁에 두고 **젖을 먹이면서 키워요.**

공룡의 먼 친척인 악어는 지난 6500만 년
동안 그 모습이 거의 변하지 않았어요!
평균 몸길이가 3.5미터나 되는 나일악어는
살아 있는 파충류 중에서 바다악어
다음으로 가장 몸집이 커요.

몸길이 : 평균 3.5미터
몸무게 : 220~550킬로그램
식성 : 육식 동물
(파충류, 포유류, 물고기, 새, 곤충)
수명 : 70~100년
부화 기간 : 3개월
서식지 : 강과 작은 내
(아프리카, 마다가스카르, 코모로)

사냥할 때 악어는 물속에 몸을 숨기고 먹이를 단번에
덮칠 기회를 호시탐탐 노려요. 일단 먹이를 물면
물속으로 끌고 들어가서 익사시키지요. 그런 다음,
살점을 뜯어내어 꿀꺽 삼켜요! 한번 식사를 하고
나면, 몇 주일 동안 아무것도 먹지 않고 지낼 수
있어요.

암컷은 기슭에 구멍을 파서 만든 둥지에 알을 낳아요.
그리고 약 3개월 동안 가까이에 머물면서 알을
철저하게 지키지요. 그동안 아무것도 먹지 않을 때도
많아요! 새끼들은 알에서 나오기 전에 울음소리를
내기 시작해요. 그러면 엄마 악어가 새끼들이
둥지에서 나오도록 도와주고, 새끼들을 입에 물고
물이 있는 곳으로 옮겨 줍니다.

두꺼운 피부 중 일부는 비늘로 덮여 있어요. 물에서 살아가는 생활 방식에 완벽하게 적응한 해부학적 특징 때문에 악어는 20분에서 2시간까지 잠수할 수 있지요! 또한 악어는 땅 위에서도 잘 지낼 수 있답니다.

악어

키 : 어깨높이 65~95센티미터
몸무게 : 35~70킬로그램
식성 : 육식 동물(가젤, 어린 얼룩말, 임팔라, 토끼)
수명 : 7년
임신 기간 : 약 3개월
서식지 : 아프리카의 사바나와 반사막 지역

점박이 털가죽이 매우 아름다운 치타는 육상 동물 중 달리기가 가장 빨라요. **최대 시속이 무려 115킬로미터로**, 단거리 부문에서는 단연 세계 챔피언이지요.

작은 머리와 긴 다리, 근육질 몸, 아주 유연한 등뼈를 가진 치타는 단거리 달리기를 위해 설계된 동물 같아요. 하지만 치타는 오래 달리지는 못해요. 그런데 이렇게 빠른 속도는 어떤 쓸모가 있을까요?

치타는 **포유류**를 잡아먹는 **사냥 동물**이에요. 그래서 치타는 치명적인 사냥 방법을 발달시켰어요. 가젤이나 어린 얼룩말 같은 표적을 주의 깊게 **감시**하다가 상대가 눈치채지 못하게 **살금살금** 가까이 다가가요. 그러다가 거리가 100미터쯤 되면 갑자기 표적을 향해 돌진하지요. **추격전**은 대개 200~300미터쯤에서

끝나요. 치타는 먹이를 쓰러뜨리고 강한 턱으로 목을 콱 물어 질식시켜요.

하지만 치타는 짧은 순간에 너무 많은 힘을 써서 가쁜 숨을 가라앉히는 데 **약 30분**이나 걸려요. 그 사이에 주변을 어슬렁거리던 하이에나나 사자가, 치타가 사냥한 먹이를 훔쳐 갈 수 있어요! 그래서 치타는 최대한 빨리 사냥한 먹이를 안전한 곳으로 가져가 숨겨야 하지요. 치타는 현재 **멸종 위기종**이랍니다.

홍학

이 우아한 섭금류(긴 다리와 목으로 물속의 물고기나 벌레를 잡아먹는 새)는 긴 다리와 분홍색 깃털로 쉽게 알아볼 수 있어요. 홍학은 긴 다리로 약간 깊은 물속도 잘 걸어 다니면서 물고기를 낚시하듯이 사냥해요.

홍학은 수백 마리 혹은 수천 마리가 함께 무리를 지어 살아요. 암컷은 둥지에 알을 하나만 낳아요. 그리고 아빠와 엄마가 서로 번갈아 가며 알을 품어요.

같은 무리에서는 새끼들이 거의 동시에 태어나요! 태어난 지 10일쯤 지나면, 새끼들은 또래 친구들과 함께 거대한 '유아원'에 모여서 지내요.

홍학은 잠잘 때 한 발로 선 채 머리를 날개 밑으로 집어넣어요. 다른 쪽 발은 깃털 밑으로 접어 넣지요. 이런 식으로 한 발을 따뜻하게 하면 추위를 피하는 데 도움이 됩니다.

홍학의 아름다운
분홍색은 먹이로 섭취하는
조류(藻類)**와 새우** 때문에
생겨요. 이 먹이들에게는
카로틴이라는 붉은색
색소가 들어
있거든요.

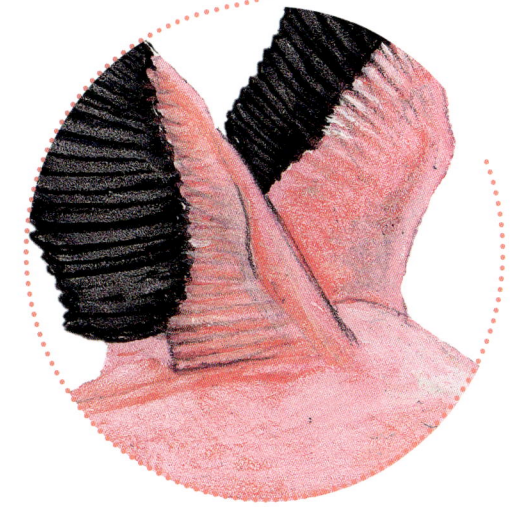

키 : 1.2~1.4미터
몸무게 : 2.5~3.5킬로그램
날개폭 : 1.6미터
식성 : 잡식 동물(곤충, 벌레, 조류,
작은 갑각류, 식물 부스러기)
수명 : 35년
부화 기간 : 1개월
서식지 : 민물과 짠물(남유럽, 아시아, 아프리카,
앤틸리스 제도, 중앙아메리카와 남아메리카)

줄무늬는
얼룩말이 체온을
조절하는 데에도 도움이
되어요. 검은색 줄무늬는
흰색 줄무늬보다 열을 잘
흡수하는 성질이 있어요.

얼룩말

얼룩말은 말과 당나귀와 함께 말과에 속해요. 검은색과 흰색 줄무늬가 있는 얼룩말은 얼룩무늬 파자마를 입은 말처럼 보여요!

그런데 줄무늬는 어떤 쓸모가 있을까요? 여기에는 여러 가지 가설이 있어요. 우선 얼룩말마다 각자 고유한 줄무늬 패턴을 가지고 있어 그것으로 **서로를 구별**할 수 있어요. 따라서 얼룩말들은 줄무늬로 무리 중에서 **서로를 알아볼 수 있어요.** 또, 줄무늬는 포식 동물의 **시각을 교란**시켜 얼룩말의 윤곽을 정확하게 파악하기 어렵게 만든답니다.

얼룩말은 하렘을 이루어 살아요. 하렘은 포유류 중에서 수컷 한 마리가 암컷 여러 마리를 거느리고 살아가는 집단을 말해요. 수컷 얼룩말은 암컷 2~5마리와 새끼들과 함께 무리를 지어 살며, 젊은 수컷이 도전해 오면 필사적으로 싸워 무리를 보호해요! 무리 내에서 얼룩말들의 **관계는 아주 돈독합니다.** 새끼가 태어날 때면 온 가족이 모두 그 자리로 모여요. 다른 암컷들이 엄마 얼룩말을 둘러싼 가운데 아빠 얼룩말이 곁에서 무리를 지키지요.

키 : 어깨높이 1.1~1.45미터
몸무게 : 175~375킬로그램
식성 : 초식 동물(키 큰 풀, 잎, 싹)
수명 : 10~20년
임신 기간 : 12~13개월
서식지 : 아프리카의 평원과 사바나

고릴라

고릴라는 유인원 중에서 몸집이
가장 크고 힘도 가장 센 동물이에요.
고릴라는 사람과 가장 많이 닮은
동물이기도 해요.

무엇보다도 고릴라의 앞발은 사람의 손과 같아서
집게손가락과 가운뎃손가락에 해당하는 두 번째,
세 번째 발가락으로 눈과 코, 귀를 닦아요. 하지만
사람과는 달리 이동할 때에는 네 발로 걸어요.

고릴라는 작은 무리를 지어 사는데, 가장 나이 많은
수컷이 무리를 지배해요. 무리 중에는 암컷들과
새끼들, 그리고 가끔은 젊은 수컷들도 있어요.
우두머리 수컷을 '실버백(silverback)'이라고
부르는데, 등에 검은색 털 대신에 은백색 털이 나 있기
때문에 그렇게 불러요. 실버백은 먹이를 찾아 나설 때
무리를 이끌지만, 암컷이 어린 새끼에게 젖을 먹일
때에는 나머지 새끼들을 보호하면서 자신의 새끼를
끔찍이 아끼는 아빠의 모습을 보여 주지요.

어른 고릴라는 몸이 너무 무거워 나무에 올라갈 수가
없어요. 그래서 땅 위에 나뭇가지들을 깔고 그 위에서
잠을 자요.

고릴라의 임신 기간은 사람과 거의 비슷한 8개월
반이에요. 태어난 새끼는 사람 아기처럼 몇 달 동안
엄마 고릴라에게 완전히 의존해서 살아가지요.

고릴라는
이동할 때 뒷발 발바닥과
앞발 발등을 땅에 대고
걸어요.(전문 용어로는
'너클 보행'이라고 해요.)

키 : 1.3~1.9미터
몸무게 : 68~210킬로그램
식성 : 초식 동물(나뭇잎, 열매, 나무껍질)
수명 : 45년
임신 기간 : 8.5개월
서식지 : 아프리카의 열대 우림

하이에나

하이에나는 사람이 내는 것과 비슷한 '웃음소리'로 유명해요. 하이에나는 공격하거나 공격을 당하는 상황에서 이런 소리를 내요. 하지만 하이에나는 그 밖에도 여러 가지 소리로 같은 무리의 동료들과 의사소통을 해요.

하이에나는 자연계에서 **손꼽히는 청소동물**(부식동물)이에요. **죽은 동물 시체**를 자주 먹기 때문이지요.

무리는 **우두머리 암컷**이 수컷들을 압도하면서 **지배**해요! 게다가 몸집도 암컷이 **수컷보다 훨씬 커요**. 하이에나는 무리를 지어 얼룩말이나 누처럼 자신보다 훨씬 **큰 동물을 사냥**해요! 하이에나는 동시에 여러 마리를 공격하면서 물어뜯어요. 그러다가 도망치는 무리 중에서 결국 힘이 빠져 뒤처지는 동물이 있으면, 그 불쌍한 동물을 집중적으로 공격해 잡아먹지요!

하이에나는 혼자 사냥할 때에는 토끼나 새, 작은 설치류를 공격해요. 하이에나는 아주 빨라서 최대 **시속 60킬로미터**까지 달릴 수 있어요.

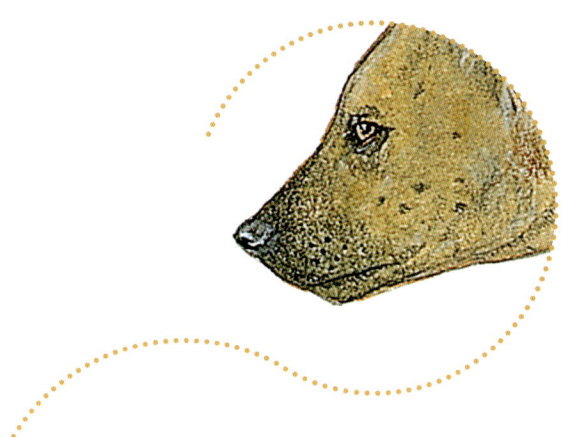

키 : 어깨높이 70~92센티미터
몸무게 : 40~86킬로그램
식성 : 육식 동물(포식 동물인 동시에 청소동물)
수명 : 20년
임신 기간 : 약 4개월
서식지 : 아프리카 사바나

강한 턱과 튼튼한 위장
덕분에 하이에나는 뼈와
가죽도 와작와작 씹고
소화시킬 수 있어요!

개코원숭이

행동 면에서나 사회성 면에서 사람과 닮은 점이 많은 개코원숭이는 네 발로 걷고, 50여 마리가 함께 무리를 지어 살아요. 무리는 수컷 어른들이 이끌지요. 수가 많은 암컷들은 여러 가지 일 중에서도 새끼를 기르고 가르치는 일을 도맡아 해요.

이 원숭이는 개를 닮은 긴 주둥이 때문에 개코원숭이라는 이름이 붙었어요. **맨살**이 드러난 엉덩이는 **분홍색** 또는 **빨간색**이에요. 개코원숭이는 **낮**에는 **땅 위**에서 활동하다가 **밤**에는 **나무 위**에서 잠을 자요. 아침에 잠에서 깨어난 어린 수컷들은 **함께 뒤엉켜 놀아요.** 그리고 곧 무리 전체가 먹을 것을 찾아 나서지요.

개코원숭이는 열매를 따고, 뿌리를 캐고, 곤충과 도마뱀을 잡을 때 손처럼 자유자재로 움직일 수 있는 **앞발을 많이 사용**해요. 개코원숭이는 **다양한 소리**로 분노와 기쁨과 만족감 등 **여러 가지 감정**을 표현해요.

쉴 때에는 서로 **털을 고르며 이를 잡아** 주길 좋아해요. 이런 신체 접촉을 통해 서로의 유대가 깊어지지요!

어린 새끼는 완전히 엄마에게 의존해서 살아가요. 엄마는 어디를 가든 새끼를 함께 데리고 다니지요.

(비비)

키 : 36~84센티미터
몸무게 : 8~25킬로그램
식성 : 잡식 동물(열매, 뿌리, 곤충, 도마뱀, 새)
수명 : 30~45년
임신 기간 : 5~6개월
서식지 : 아프리카의 사바나와 산악 지역과 숲

아프리카의 습한 숲에 널리 퍼져 살아가는 회색앵무는 날카로운 울음소리와 휘파람 소리, 짖는 소리 등 아주 다양한 소리를 내요. 회색앵무는 많은 새뿐만 아니라 심지어 포유류의 소리까지 모방하는 능력이 아주 뛰어나답니다.

회색앵무는 저녁이 되면 **나무 위에서 잠을 자요**. 회색앵무 무리가 모여 있는 곳은 온갖 울음소리와 꽥꽥거리는 소리가 울려 퍼져 아수라장이 되지요. 밤중에 이렇게 소란스러운 소리가 나더라도 너무 놀라지 마세요!

암컷은 나무 구멍 속에 **알을 2~3개 낳으며**, 알은 암컷만 품어요. 알에서 새끼가 나오면, 엄마가 품어서 몸을 따뜻하게 해 주고, 아빠가 먹이를 구해 와서 먹여요. 이렇게 아빠와 엄마 사이에 **역할 분담**이 잘되어 있어요!

회색앵무는 애완동물로 인기가 많아요. 회색앵무는 놀라운 재능을 갖고 있는데, **사람 목소리를 완벽하게 흉내** 낼 수 있어요.

회색앵무

몸길이 : 39센티미터
몸무게 : 400~500그램
식성 : 초식 동물(열매, 씨)
수명 : 73년
부화 기간 : 12일
서식지 : 아프리카의 습한 숲과 맹그로브 숲

회색앵무는 **큰 머리와 구부러진 부리**로 쉽게 알아볼 수 있어요. 회색앵무는 부리를 세 번째 다리처럼 사용하지요.

카멜레온

초록색 또는 파란색의 큰 도마뱀처럼 생긴 이 파충류는 위장의 달인이에요! 카멜레온은 주로 나무 사이에서 살지요. 나뭇잎 사이에서 곡예사 같은 자세로 매달려 있는데, 절대로 떨어지는 법이 없어요. 어지럼증이나 고소 공포증 같은 건 전혀 몰라요!

카멜레온은 자신의 감정에 따라, 그리고 낮 동안의 시간 또는 주변 온도에 따라 몸 색깔이 변해요. 위협을 느끼면 불안을 나타내는 창백한 색으로 변하고, 화가 나면 새카만 색으로 변해요!

가장 좋아하는 사냥 기술은 기회가 올 때까지 끈질기게 기다리는 것이에요. 카멜레온은 먹이가 사정거리 안에 들어올 때까지 꼼짝도 않고 기다려요.

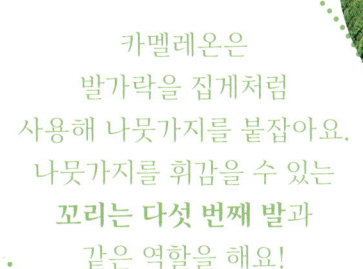

카멜레온은
발가락을 집게처럼
사용해 나뭇가지를 붙잡아요.
나뭇가지를 휘감을 수 있는
꼬리는 다섯 번째 발과
같은 역할을 해요!

두 눈은 자유자재로 움직일 수 있고, 또 **서로 다른
방향**을 바라볼 수도 있어요. 그 덕분에 먹이가 있는
곳까지의 거리를 가늠하는 동시에 주변에 혹시
있을지도 모를 **포식 동물을 감시**할 수 있어요!
카멜레온은 **기다란 혀**를 순식간에 거의 자기
몸길이만큼 죽 뻗어 곤충을 붙잡아요. 공 모양의 혀
끝 부분에는 끈적끈적한 침이 묻어 있어 먹이를
붙잡는 데 큰 도움이 되지요.

몸길이 : 50~90센티미터
몸무게 : 최대 1킬로그램
식성 : 육식 동물(곤충)
수명 : 4년
부화 기간 : 종에 따라 4~24개월로 다양함.
서식지 : 아프리카의 열대 숲(마다가스카르섬)

키 : 혹까지의 높이 2.3미터
몸무게 : 400~700킬로그램
식성 : 초식 동물(풀, 덤불, 잎)
수명 : 30~40년
임신 기간 : 13개월
서식지 : 사막 지역(아프리카, 서남아시아)

단봉낙타

사막 생활에 완벽하게 적응한 단봉낙타는 물과 먹이를 구하기 힘든 시기에는 몸무게가 절반까지 줄어들어요!

단봉낙타는 **열흘 이상 물을 마시지 않아도** 살 수 있어요. 단봉낙타는 정말로 생명력이 아주 강한 동물이에요! 하지만 갈증을 달랠 때에는 **몇 분 만에 물을 100리터까지 마실 수 있어요!**

단봉낙타는 외부의 온도에 따라 체온을 조절할 수 있어요. 외부 온도가 높을 때 체온을 높이면 땀이 많이 나는 것을 피할 수 있고, 그 결과로 탈수를 막을 수 있어요.

원할 때 콧구멍을 막을 수 있고, 기다란 속눈썹이 눈을 보호해 주어, 단봉낙타는 **강한 모래 폭풍도 견뎌 낼 수 있어요.**

단봉낙타의 등에 불록 솟은 **혹에는 지방이 가득** 들어 있어요. 이 지방은 먹이를 구하기 힘든 시기에 소중한 영양 공급원이 되지요. 아시아에 사는 사촌인 쌍봉낙타는 혹이 2개 있어요!

사회성이 뛰어난 단봉낙타는 무리를 지어 살아요. **흥분하면** 특유의 울음소리를 내지요. 암컷은 2년마다 새끼를 한 마리씩 낳을 수 있어요. **새끼 낙타**는 태어난 지 네 시간 만에 일어설 수 있어요!

단봉낙타는 기원전 3000년 무렵부터 가축화되기 시작했어요. **야생**에서 살아가던 **종**은 오늘날 사실상 멸종되었어요.

표범은 다른 고양잇과 동물에 비해 몸집이 작은 편이지만, 힘이 아주 강해서 자기보다 세 배나 덩치가 큰 동물을 공격해서 잡아먹기도 해요!

표범은 다양한 사냥 기술을 가지고 있어요. 때로는 나무 위에서 **뛰어내리면서** 먹이를 덮치기도 하고, 때로는 땅 위로 살금살금 **기어** 먹이에 가까이 다가간 뒤 갑자기 뛰쳐나가면서 공격하기도 해요. 나무를 아주 잘 타는 표범은 나무 위에서 자주 쉬어요. 또, 사냥한 먹이를 사자와 하이에나가 훔쳐 가지 못하게 나무 위에 보관하기도 해요. 표범은 **머리를 아래로** 향한 채 나무 위에서 곧장 뛰어 내려올 수도 있어요!

표범의 먹이는 아주 다양해서 먹이를 구하는 방법도 그만큼 **다양해요!** 암컷은 새끼를 한 번에 3~4마리 낳아요. **갓 태어난 새끼는 앞을 볼 수 없고**, 종종 다른 포식 동물에게 잡아먹혀요. 혼자 힘으로 살아가기까지는 약 1년이 걸리지요. 표범은 **헤엄도 잘 치는데**, 그래서인지 강 근처에서 사는 경우가 많아요.

키: 어깨높이 65~95센티미터
몸무게 : 35~70킬로그램
식성 : 육식 동물(가젤, 어린 얼룩말, 임팔라, 토끼)
수명 : 7년
임신 기간 : 약 3개월
서식지 : 아프리카의 사바나와 반사막 지역

표범은 털가죽에 난 검은색 점박이 무늬로 쉽게 알아볼 수 있어요. 이 무늬는 **주변 자연 환경과 섞여** 눈에 잘 띄지 않아요.

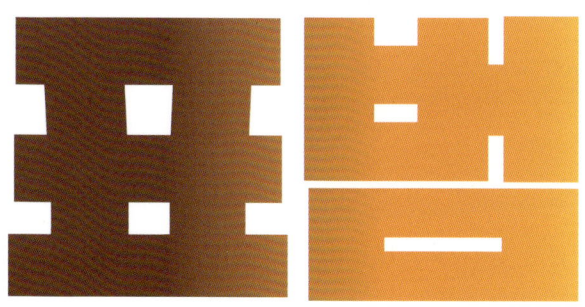

표범

ZOOM 동물백과 시리즈에는 어떤 책이 있나요?

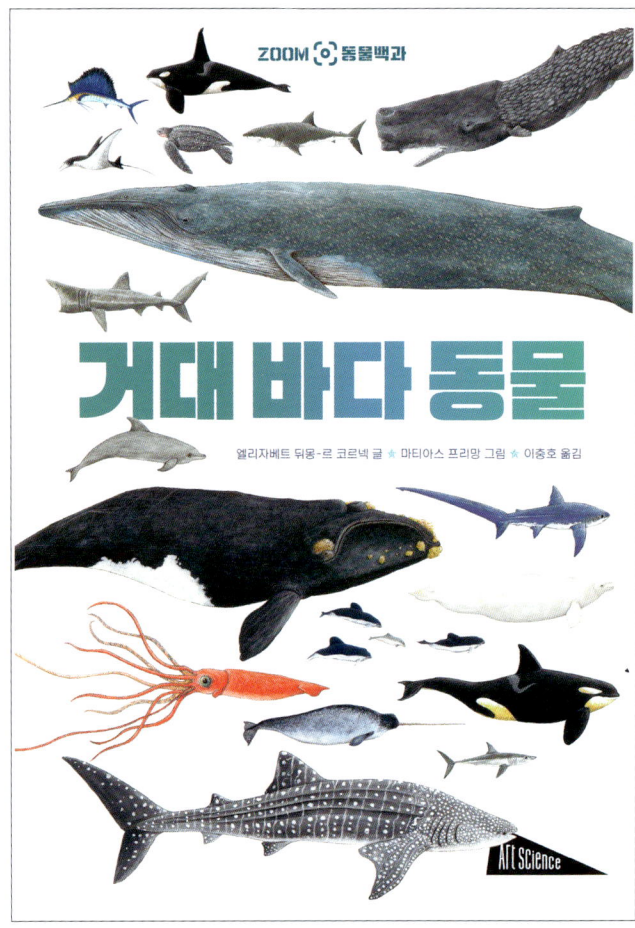

글쓴이 마리 니콜라 Marie Nicolas

1965년에 태어난 어린이 다큐멘터리 작가로, 플뢰리 출판사에서 6~10세 어린이를 대상으로 펴낸 〈그랑드 이마저리〉 백과사전 시리즈 중에서 동물 다큐멘터리, 문화, 역사 등을 주제로 한 30여 권의 책을 출판했습니다. 또, 슈퍼히어로(어벤저스, 스파이더맨, 아이언맨, 캡틴 아메리카, 헐크 등)를 다룬 시리즈와 만화(저스티스 리그, 배트맨, 슈퍼맨)도 출판했어요. 사빈 보카도르라는 이름으로 독일어를 프랑스어로 번역하는 번역가로도 활동하면서 100권 이상의 실용서와, 건강과 웰빙에 관한 책, 청소년 책을 번역했습니다.

그린이 마티아스 프리망 Mathias Friman

마티아스 프리망은 어린이 책 작가이자 일러스트레이터예요. 프랑스 국립고등미술학교를 졸업한 뒤, 군 복무를 하면서 근위대에 들어가 여러 대통령을 모셨어요. 파리 식물원에서 우연히 알게 된 청소년 도서 작가 카롤린 펠리시에와 함께 2015년에 《꼬마 카멜레온》이라는 책으로 '부모, 아기, 책' 콩쿠르에서 우승을 했어요. 이 책은 프랑스 솜주에서 2016년에 태어난 모든 아기에게 선물로 주었으며, 고티에 랑게로 출판사에서 다시 출판했어요. 2017년에는 프리망이 글을 쓰고 그림을 그린 《작은 검정파리》가 출판되었습니다.

옮긴이 이충호

서울대학교 사범대학 화학과를 졸업하고, 교양 과학과 인문학 분야의 번역가로 활동하고 있습니다. 2001년 《신은 왜 우리 곁을 떠나지 않는가》로 제20회 한국과학기술도서 번역상을 받았습니다. 옮긴 책으로 《이야기 파라독스》, 《진화심리학》, 《사라진 스푼》, 《경영의 모험》, 《통제 불능》, 《뇌과학자들》, 《잠의 사생활》, 《천 개의 태양보다 밝은》, 《놀라운 곤충의 비밀》 등이 있습니다.

ZOOM 동물백과
아프리카 동물

초판 1쇄 발행 2021년 12월 1일 | 초판 2쇄 발행 2022년 5월 31일
글쓴이 마리 니콜라 | 그린이 마티아스 프리망 | 옮긴이 이충호
펴낸이 권종택 | 펴낸곳 (주)보림출판사 | 출판등록 제406-2003-049호
주소 10881 경기도 파주시 광인사길 88 | 전화 031-955-3456 | 팩스 031-955-3500
홈페이지 www.borimpress.com | 인스타그램 @borimbook
ISBN 978-89-433-1426-2 74470 / 978-89-433-1174-2(세트)

Découvre le monde - *Animaux d'afrique* © Hachette Livre / Hachette Enfants, 2019
Korean translation copyright ⓒ 2021 Borim press
Korean edition is published by Borim press
with arrangement through Pauline Kim Agency, Seoul, Korea

• 이 책의 한국어판 저작권은 Pauline Kim Agency를 통해 Hachette Livre사와 독점 계약 한 (주)보림출판사에 있습니다.
• 저작권법에 따라 보호를 받는 저작물이므로 무단 전재와 무단 복제를 금합니다.

⚠ 주의 : 책 모서리가 날카로우니 던지거나 떨어뜨리지 마세요.(사용연령 3세 이상)